"铁路之歌"科普绘本系列丛书制作委员会

（按姓名笔画排序）

刘志明　北京交通大学机电学院
许迎杰　中国铁路广州局集团有限公司广州动车段
刘海涛　中国中车株洲时代电气股份有限公司
李正荣　北京师范大学中文学院
杨美传　西南交通大学机械学院
张晓军　中车唐山机车车辆有限公司
雷忠良　广州铁路职业技术学院

主　　编　　刘苗苗
执行主编　　杨志亮
绘　　图　　周雨晴
文字编辑　　冼土凤
科学顾问　　管春玲

科加漫文化　制作

交流及指正请通过科加漫官方电邮：
2008shaoer@163.com

万里追踪"银汉"号

高速铁路探秘百科

主　编　刘苗苗

前　言

　　很小的时候，火车就给我留下了令人惊慌的印象。在东北料峭的寒夜里，我和家人牵着手，越过密如织网的道岔，去机务段上的大澡堂。作为铁路系统曾经的家属，澡堂的一切都已糊成一片蒸汽和下夜班的司机们沾满煤灰的裸体。但至今仍然念念不忘的，却是我在穿过铁道时，偶一回眸的瞬间，好像相机的快门一样，咔嚓一声，把当时的影像感光在我低智的脑干上，万般无法清除了。

　　那时候，夜色正浓，整个车场还在忙碌。无奈且飞逝的记忆中，好像有雪花拂面。一个巨大的蒸汽车头，"嗤嗤"地排出洁白的蒸汽，并且制动后藉由惯性缓缓地从我们身边滑过，它伟岸的身影温柔地向前，仿佛是奔腾咆哮之后的巨兽，返回温暖的巢穴。此时，那些高挑的瓦斯灯所射出的冰冷的白光，正像淋浴的花洒一样，倾泻在黑亮的车皮上，使它疲惫的身影在莹白的雪中平添了神灵的光辉。究竟是什么令我对这一幕念念不忘呢？

　　我不知道该如何解读。但就在久久思索的一瞬间，在哲学、文化或者自然科学的多重维度下，从那扇久闭的心灵之门后面突然透出一丝微弱的光线。机械也许是人类制造出来的上帝的结石，它好像是一个病变，但它也可能是一颗珍珠。那一刻，它像舍利子一样，显出某种神祇之本相，难以言说，甚至超出了制造者的预期。在畏惧和膜拜含混的临界点，我们开始不顾一切地收集它们的遗留物，将其寂寞的灵魂安放在神性的光芒中不朽。

　　作为"铁路之歌"系列绘本的第一部——《万里追踪"银汉"号》，这是献给逝去的人类童年的祭品，不能吃，也不能摸，等待着神灵把它带到天堂去。

目录

1 / 阅读指引

2 / 一、不思议旅程

12 / 二、车厢话事
   开车了　　　　　　　15
   专访列车长　　　　　16
   拆解细细瞧　　　　　18
   中国标动来了　　　　20
   开饭了　　　　　　　22
   再见，三千　　　　　25

26 / 三、万里任车行
   又见故人　　　　　　29
   调度和信号　　　　　30
   港湾　　　　　　　　32

34 / 四、"电"掣风驰的秘密
   拂晓前出发　　　　　37
   动力是怎么来的　　　38
   一路向北　　　　　　40

42 / 五、巨兽之巢
   错过银汉号　　　　　45
   列车是怎么来的　　　46
   啊哈，这小东西　　　48

50 / 六、幕后英雄的前线
   心意两相知　　　　　53
   幕后英雄在行动　　　54
   假如明天来临　　　　56

58 / 七、远方铺轨道，大城接小城
   临时任务　　　　　　61
   大家一起来铺轨　　　62
   又见三千　　　　　　66

68 / 八、超时空飞车
   奇异博士　　　　　　71
   速度极限在哪里　　　72
   喜欢未来的你　　　　74

76 / 九、穿过千山，穿过万水
   最后的秘密　　　　　79
   隧道知多少　　　　　82
   西出阳关寻故人　　　84

86 / 十、依然是你红红的脸

» 请未识字的儿童在至少一名家长的陪同下阅读本书，并且由家长协助，以避免儿童在翻看时，因为对图画的喜爱而把口水滴到书上。

» 如果是妈妈们选购本书，请一定先欣赏那些大幅的插画和轻松诙谐的故事，这样做可以降低妈妈们把本书归入"烦死人"的书目清单里的冲动。

» 当然，爸爸们在看到本书时，可能会产生一种好感，他们对机械的天生喜好会促使他们购买本书。但他们对于性价比也非常关注。我们可以诚恳一点地说，购买本书是超值的，因为它确实可以让人从小看到大，然后再传给下一代。

» 火车迷对于本书的毒辣评价一定是充满争议的，因为对于他们来说，本书远远谈不上能够满足他们对于专业知识的极度渴求和炫耀。它过于大众了，不过，我们可以稍微不负责任地承诺：先买下这本，欣赏一下我们的故事和画面。很快我们将奉献一部真正属于火车迷的扛鼎之作。那本书极度专业、前沿、史无前例还有举世无双。看了那本书，你将成为全球顶级火车迷。

» 阅读可以从任何页开始，我们不仅在每一页准备了诙谐的漫画故事、漂亮的主人公，还有工业设计风格的各种机械插图。除此之外，又增加了发人深省的关于铁路的诗歌和至理名言，使它看上就像一本关于高速铁路的博物志。

» 出门旅行也可以携带本书，高铁沿线的站点、风物等等实用贴士应有尽有。我们如此处心积虑地安排，其实并没有什么不可告人的目地。（真的吗？！）

» 故事的结尾非常震撼，我们可以负责任地说，当整个团队构思出故事的结尾时，完全惊呆了，天哪，这主意太混球了！当然我们强烈建议读者不要先看结局。

① 自立、自立，我是呕吐（AI调度员），听到回话。

② 啊哈哈哈，臭小子！听着，有个坏消息，调度长给你派了个临时任务。铁总和国际联合通讯社有个采访活动，目标是"银汉"号。啊，老天爷，这个秤砣有什么好采访的，还不如采访我呢！但他们说，银汉是中国铁路的传奇，是丝路专线上的神话，有世界影响云云，太可笑了。他不过跟我一样也是个机器。

③ 喔呃，还有个好消息。那个美女记者，叫柔柔，她是广铁学院新闻专业的实习生，她正在广州南站第五站台等你，手里举块牌子。你发现这句话的亮点了吗？

④ 等等，自立，银汉正在赶往北京的路上，他疯了，他拒绝休息、拒绝保养，我真担心他的老身板儿在半道上解体。你找到他以后，代我问问这个秤砣，什么时候退休，那样，我就有机会成为中国铁路的传奇了！啊哈哈哈！喂喂，自立，你在听吗？喂喂……喂喂……（忙音）

① 呕吐！你的鸭嗓子真令人反胃，让我喝完这杯茶不好吗？

② 等等，呕吐，这事跟我有何关系？再说，全路几千台机车运行，上哪去找这个银汉。我还得值班，不去！

③ 什么，美女记者！还是我的校友！好了，呕吐，告诉调度长，保证完成任务。我先走了！

1章 不思议旅程

快点,柔柔,G80次还有十分钟发车。我们去三号站台。

三千,乖乖回家吧!可怜见儿地!

第2章

车厢话事

单程车票

火车开来，
我坐上了火车，
去旅行，
永不回头，
买一张让人忧郁的单程票，
再见了我的爱，
我的宝贝离开了我，
……

现在我只能看到孤独的眼泪在滴落，
买一张让人忧郁的单程票，
要去一个人迹稀少的小镇，
要在一间令人伤心的旅馆住下，
我是这样的一个傻瓜，
我从来，
没有哭过……

——Eruption 乐队

开车了

列车缓缓离开车站,一路向北。不可思议的是,三千居然溜上了车,死命地扯着柔柔不肯走,把柔柔弄得哭笑不得。这时我猛然瞧见熟人——乘警老张过来巡视了……

乘警:这是谁的狗?车上不准带宠物,牵走。

柔柔:等等,这只狗不是我的,它自己溜上车的。我要帮它找到主人。

丁自立:老张,这是咱们铁路记者柔柔,来采访的。你给这狗先找个地方看管起来,等我们从北京回来,再妥善安置它。

乘警:自立啊,这狗不像民用犬,让它跟我走吧。

柔柔:它有点虚弱,请一定善待它,好吗?

乘警:放心吧,我跟自立都是哥们,到站托付给分局。走吧,三千。

总之,三千生无可恋地被带走了。能和各种动物打成一片,我后来才领略到柔柔的这种天赋。

五十年代铁路乘务员制服

过去

新中国初期,铁路乘务员统一着装,制服仿照军装款,以蓝色为主,帽徽为红五星镶嵌铁路标志。这款制服体现了国有铁路的半军事化性质。

高铁乘务员制服

现在

现在的高铁乘务员的制服样式更加时尚和国际化。全国18个铁路公司,每个铁路公司都有自己独特的制服风格。

拆解细细瞧

柔柔：高速列车运行速度这么快，如何保证乘客的舒适性呢？

丹丹姐：我们的列车不仅缩短了运行时间，同时车厢内应有尽有，全程为旅客提供衣食住行的服务，我带你们参观一下车厢就明白了。

车窗显示屏

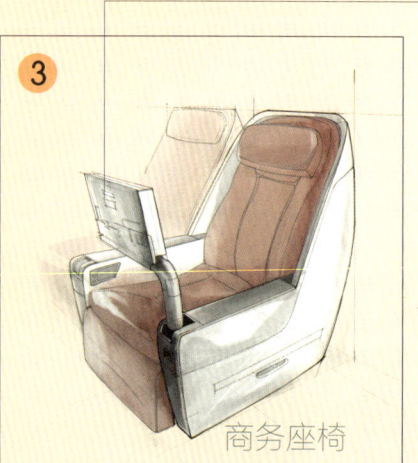
商务座椅

商务座椅控制面板

小周，等等我！

快点，要发车啦！

好可爱啊！

这车的绰号叫"兔子"。

汪汪，汪！

CRH380B 剖面图

1. 司机驾驶室
2. 商务舱
3. 商务座椅
4. 车门
5. 车窗显示屏
6. 一等座车厢
7. 一等座椅
8. 商务座椅控
9. 行李架

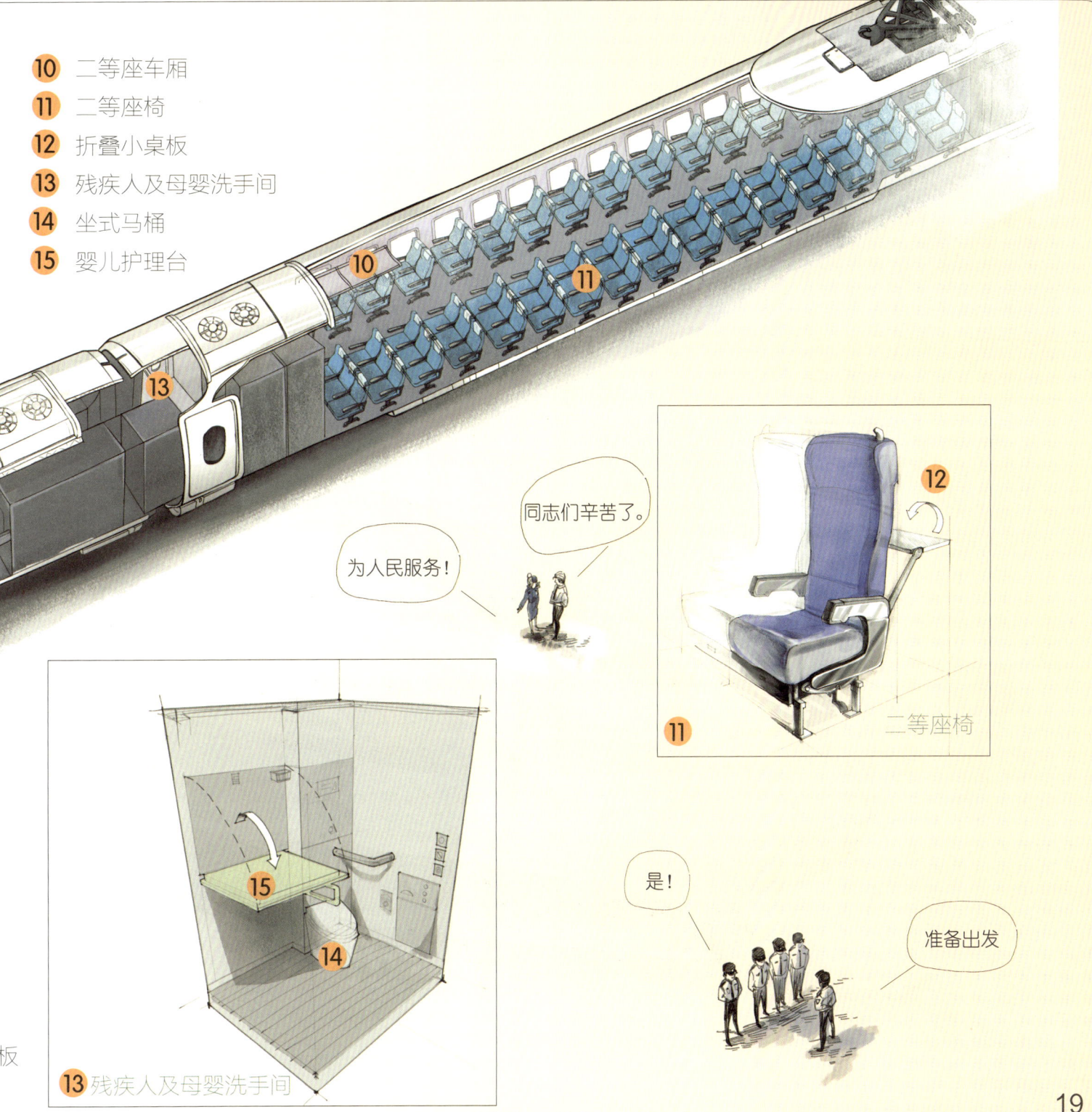

中国标动来了

柔柔：2017年6月，拥有完全自主知识产权的中国标准动车组复兴号上线运营了，大家非常想了解新车型有哪些改进和升级。

丹丹姐：哎呦，这个问题有点专业，我只能简单回答。复兴号不仅速度提升到了350公里/小时，车厢内实现了WiFi网络全覆盖，服务也更全面，让乘客旅途中不再感觉单调和漫长。

576 人
定员

4050 毫米
高度

350 公里/小时
车速

65 分贝
客室噪音

	和谐号	复兴号
统一标准	不统一	统一为中国标准
设计寿命/年	20	30
平均每位旅客每百公里能耗/kW·h（度电）	5.43（350km/h时速下）	<5.2（380km/h时速下）
定员/人	556	576
噪音/分贝	68	67~69
充电插头/个	2/排	2~3/排
网络	无Wi-Fi	Wi-Fi全覆盖
空间（高×宽）/mm	3890×3265	4050×3360

"和谐"号与"复兴"号的外观对比

wi-Fi
全覆盖

"复兴"号外观图

年
设计寿命

中国标准动车组

中文命名"复兴"号，是我国拥有完全自主知识产权、达到世界先进水平的动车组列车。英文代号为CR，有"海豚"和"金凤凰"两个型号。

开饭了

> 自立，慢点吃，这餐我请客。

眼看着开饭的时间到了，柔柔还在不知疲倦地采访。眼神专注、记录快速，采访过程充满欢声笑语，我真是彻底被她征服了。

正当柔柔问到高速铁路的配餐系统时，哎呀，不好，我的肚子不知羞耻地开始咕咕乱叫了。早饭还没吃，柔柔不结束，我也不好意思提吃饭啊。无奈之下，我在柔柔背后给丹丹姐做了个手势，还是丹丹姐最了解我，及时结束了采访。欧耶，万岁，万岁，我像一阵旋风一样，刮到了餐车的座位上，瞬间报销三份盒饭，把柔柔惊呆了。

> 我说，这位兄台，吃饭需要这么拼命吗！？

> 好吃，好吃！一位哲学家说过：吃饭不积极，思想有问题。

高铁配餐流程图

再见吧,我的朋友,
再见,亲爱的,
你永在我心间。
命中注定的互相离别,
许诺我们在前方相见。
————叶赛宁

再见，三千

列车一路向北，晒着午后的太阳，我昏昏欲睡。朦胧中有一种恍如隔世的感觉，仿佛柔柔正在我身边甜甜地笑。突然间呕吐的电话打碎了我的美梦，他说银汉号已经提前离开北京站，正赶往长春接受一个紧急任务。搞什么鬼啊，说好的行程随意改变。然而，我转念一想，也不坏啊，一路上陪着柔柔旅行，是难得的好时光。但柔柔听到这个消息有点着急。

柔柔：什么？离开多久了？快，下车后我们立即出发，赶上他。

丁自立：别急，我算算时间，最后一班北京到长春的车 17:00 发车了，今晚要先在北京段行车公寓住下，明早 7:30 坐首班车，银汉号的时速只有 200 公里/小时，能在中午前赶上。

柔柔：确定吗？没见到银汉号太可惜了。如果是这样，自立，你还是给我安排个采访吧，然后我请你……吃北京烤鸭！

柔柔真是个工作狂啊！此时我的内心是崩溃的，但又无法拒绝她。好吧，采访啥？北京调度中心可以啊，我的老上级王调度长在那儿，就这么定了！

列车进站的时候，北京已近黄昏。老张牵着三千来跟我们告别，柔柔难免不舍，但为了工作的使命，终究洒泪而别……

第 3 章

万里任车行

朋友

你和我同饮同欢乐同相爱同戴花冠，
我疯狂时你疯狂，我清醒时你清醒。

——无名氏（古希腊）

又见故人

离开车站,马不停蹄,我们直奔铁路调度指挥中心,我的老上级王调度长正在那里等候我们。进入指挥中心监控大厅,柔柔环顾数字闪烁的高科技荧幕,赞叹不已。这时我们背后传来一个熟悉的男低音……

王调度:当然了,这可是全亚洲最大最繁忙的火车调度中心。

丁自立:调度长好,给您介绍一下,这位是……

柔柔:老师,您好,我叫叶辛柔,是专程来采访您的铁路通讯社记者。自立可没少夸您,我也准备了很多问题,不知道您的时间……

王调度:我最喜欢跟年轻人交流,想问什么就尽管问吧。

柔柔:嗯,请您通俗地说说,高铁调度是做什么的呢?听上去有点神秘啊!

王调度:嗯,打个比方吧,如果说列车、车站、设备部门、接触网等等都是演员的话,那我们调度就是导演,负责把铁路运行效率发挥到最佳,把组织调节做到最好,确保运行安全。

听着调度中心此起彼伏的电话铃声,眼前的一切令人沉醉。真希望柔柔的采访一直进行下去,我就能给她带路,伴她同行……

调度和信号

柔柔：车次这么多，车速这么快，究竟是依靠什么技术来确保安全、准时的呢？

王调度：好问题！简单点说，大家要是知道列控系统和信号闭塞系统，就可以理解这个问题了。

CTCS-2 级列控系统工作原理

闭塞是指列车进入区间后，让它和外界隔离起来，区间两端车站都不再向这一区间发车，以防止列车相撞和追尾。闭塞系统即为实现"一个区间（闭塞分区）内，同一时间只允许一辆列车占用"而设置的铁路区间信号设备。

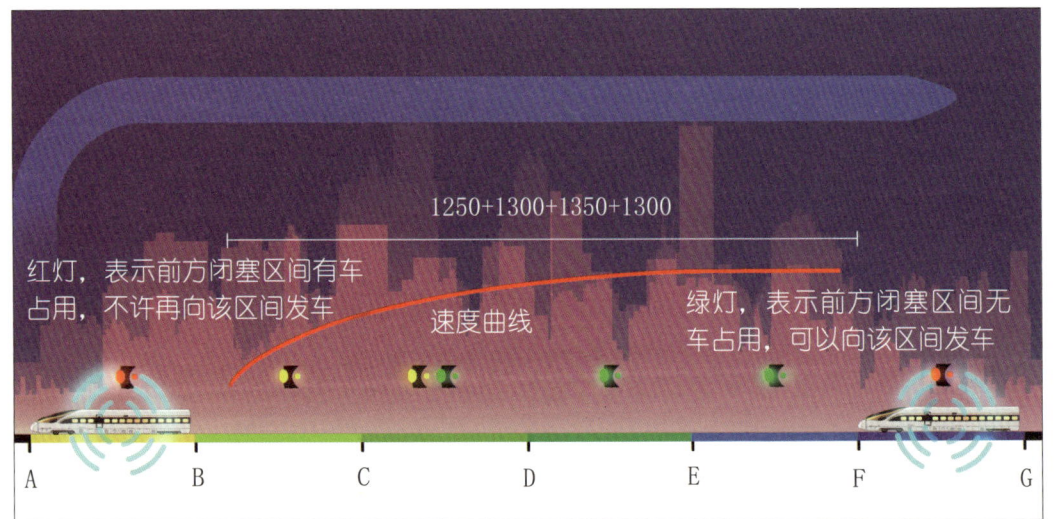

CTC（高铁调度集中系统）

调度集中指挥控制系统，是铁路调度中心对某一区段内的铁路信号设备进行集中控制，对列车运行直接指挥、管理的技术装备。

红灯，表示前方闭塞区间有车占用，不许再向该区间发车

速度曲线 1250+1300+1350+1300

绿灯，表示前方闭塞区间无车占用，可以向该区间发车

港湾

夜幕低垂，倦鸟归巢，三月的北京，春意羞涩。辞别了王调度长，我和疲惫的柔柔回到了行车公寓——铁路人的家。

自立：有个惊喜，你绝对想不到！

柔柔：什么啊！不用请吃饭了，好累啊，我只想要一个软软的床，睡到天亮。

自立：放心，你想要的都有。

我带着柔柔走进了行车公寓的大厨房，此时三五个厨师仍然在忙碌着。我上前拍了拍一个胖子的肩膀，阿泰回头看见柔柔站在我身边，顿时目瞪口呆，激动地丢下了手里的汤勺……

流水十年间，欢笑情如旧。三个童年的玩伴再聚首，免不了一番叙谈，柔柔此刻似乎也忘却了疲惫。阿泰是铁哥们，完全按照我的吩咐准备了一桌便饭。席间，我们想起了儿时的游戏。一样的比赛，一样的加油，一样的欢笑，今晚得以再次重温。刹那间时光倒流，我们仨背着沉重的小书包在铁路旁嬉笑怒骂的回忆，仿佛还带着余温，从未远离。现在我没有惆怅，看着柔柔和阿泰就在眼前，我只有感激，神明啊，我是最幸福的那颗星星。

夜深了，渴睡的人早已进入梦乡。明早4点，我们将踏上开往东北的列车……

第4章 风驰的"电"掣

秘密

一种艺术

失去的艺术不难掌握；
如此多的事物似乎都
有意消失，因此失去它们并非灾祸。

每天都失去一样东西。
接受失去房门钥匙的慌张，
接受蹉跎而逝的光阴。
失去的艺术不难掌握。

于是练习失去得更快，更多：
地方、姓名，以及你计划去旅行的
目的地。失去这些不会带来灾祸。

——即使失去你我不会撒谎。
显然，失去的艺术不算太难掌握
即使那看起来像一场灾祸。

——伊丽莎白·毕晓普（美国）

拂晓前出发

凌晨四点,晨星寥落,天际微亮。为了及时赶上银汉号,我们登上了绰号为"黄大夫"的综合检测车。"黄大夫"每天天窗期都要在线路上运行一次,全线路检查各种技术环节,以确保运行车辆的安全。当人们还在睡梦中,我们的铁路人已经开始了一天的紧张工作。

列车呼啸,关山飞度,转眼已经出了山海关,奔向沈阳方向。柔柔和我正谈论着到达长春后的采访计划,突然,列车一个减速,急刹车,缓缓地停了下来。

柔柔非常焦急,害怕再次与银汉号失之交臂。我立刻问明情况回来告诉她。

丁自立:机械师跟我说,刚才的情况是由于接触网停电故障引起的,现在已经派出抢修人员。

柔柔:停电?那么问题来了,如果高速铁路停电,读者一定想知道……无助的乘客该怎么办?逃生、睡大觉亦或是帮忙推车?!这可是难得的题材,自立,你帮我联系抢修人员,我要采访。

停电也能激起采访的欲望,我还能说什么呢?柔柔不做记者,那绝对是我国新闻界的巨大损失啊。我的任务是找到一个采访对象,但是此时抢修队长陈阳正带着工人抢修,无法接受采访。等他结束抢修,接受采访之前,我可以回答柔柔的一些普通问题,我也是个铁路工程师,不是吗?柔柔将信将疑地开始了提问。

动力是怎么来的

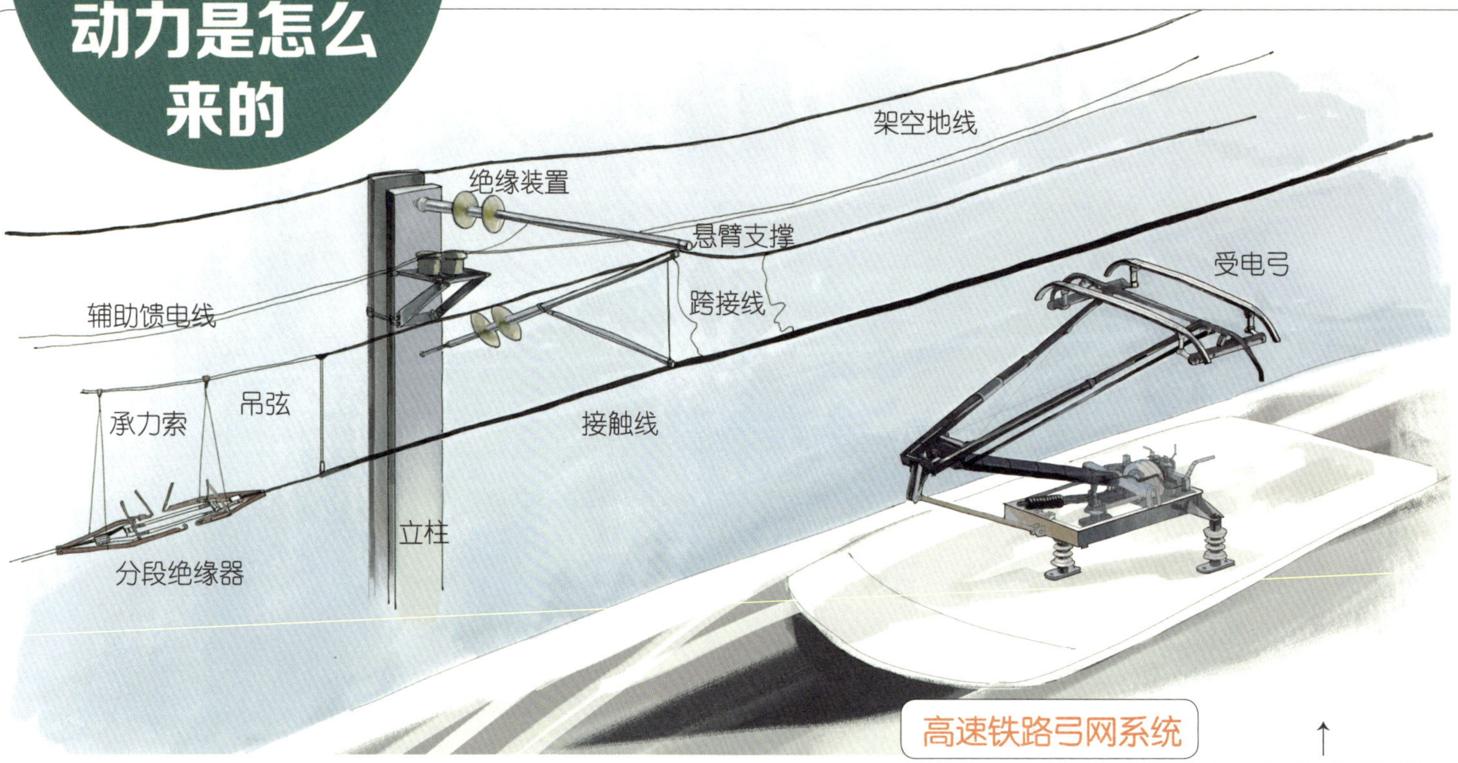

图中标注： 架空地线、绝缘装置、悬臂支撑、跨接线、受电弓、辅助馈电线、承力索、吊弦、接触线、立柱、分段绝缘器

高速铁路弓网系统

沿铁路线上空架设的输电线路，接触网向电力机车供电。接触网一旦停电，或列车受电弓与接触网接触不良，就会影响列车供电。

陈阳哥，柔柔一直盼着你下来接受她的采访呢！

陈队长，接触网为什么会突然停电？抢修过程顺利吗？

都是鸟巢在作祟！这事说起来有趣，每年春季，我国北方地区是灰喜鹊等鸟类繁殖的季节，他们非常喜欢在接触网上筑巢，但这些鸟巢会引发线路短路。有时候我们刚刚清理完，第二天又会出现新的鸟巢。所以我们会设置一些障碍阻止它们筑巢，以保证列车安全运行。现在可以送电发车了。

柔柔：那么，工程师大人，请问电力是如何传输到列车上的呢？又是如何驱动列车高速行驶的？

丁自立：问得好！高速列车风驰电掣的速度其实来自弓网系统和牵引电。

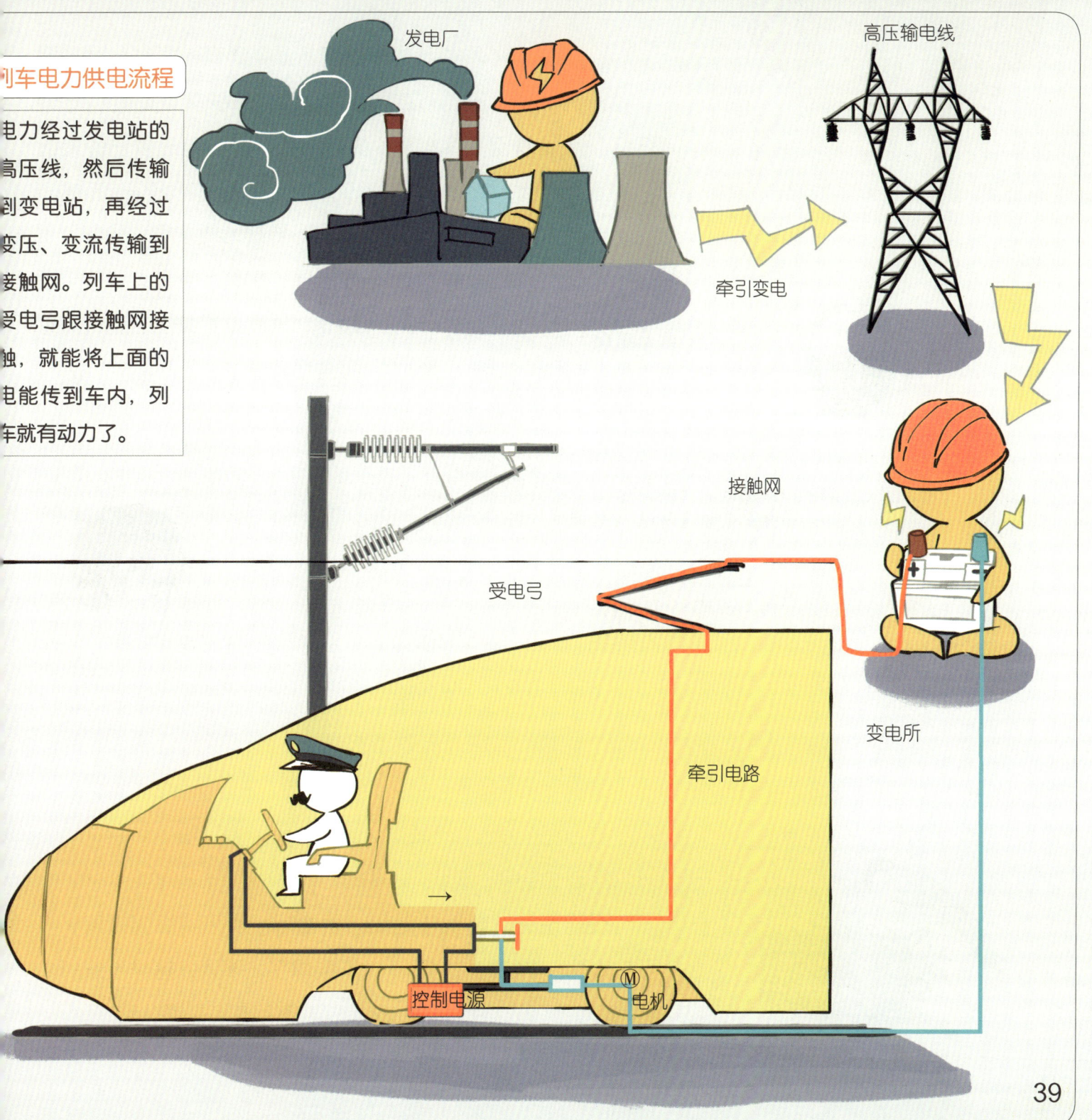

列车电力供电流程

电力经过发电站的高压线，然后传输到变电站，再经过变压、变流传输到接触网。列车上的受电弓跟接触网接触，就能将上面的电能传到车内，列车就有动力了。

一路向北

告别了陈队长,列车继续北上,还有一个多小时将到达长春——这座北方的春城。可是,我快变成动物饲养员了!柔柔收留了鸟巢里没妈的雏鸟。但她自己要准备采访提纲,而我,则必须负责两只小家伙的饮食和娱乐。喜鹊,你可不要随地便便啊,列车上不能放肆,乖啊!突然,我的电话响了,是呕吐打来的。呕吐总是报告坏消息。

自立,自立,我要负责任地告诉你和那个叫柔柔的女孩子,记者,对,该死的银汉号已经到达长春客车厂。不过,他接到个新的任务,很快要离开赶往上海运送一批货物。你们现在哪里?

啊哈哈哈,他疯了,我早就说过,你告诉那个记者,采访我怎么样,我可以回答任何问题,包括拍照和上封面,我是免费的!喂喂,自立,自立,你在听吗?不要挂断我的电话……我讨厌你的失礼……

什么?那个秤砣,啊,不,银汉号到底想干什么?他的脑子是不是坏掉了,等我们一会儿不行吗?

柔柔:没事,我了解银汉号,他是个英雄,一个英雄不是常人能想象的,他这样不顾一切地工作,一定是……我们先到长春,不行就再赶往上海!接着喂鸟吧!

丁自立:我……他……那个……

没啥说的,喂鸟才是我的使命啊!我暗暗感到银汉号在柔柔心中的地位比我……不敢想了。不过,这样不好吗,跟着柔柔去旅行,开心啊!只要不回家,去哪儿都好。喂鸟!

第5章 巨兽之巢

生命列车(节选)

这趟生命的列车啊
很多人下车后
我们对他们的记忆
历久弥新
只要想起
就是无尽的思念与感动
生命之谜就是这样
我们自己
会在什么地方下车
我们的父母伴侣亲朋
会在什么地方下车
我们无从知晓
当有人下车时
我们会感到悲伤
但我仍执着地希望
在那个即将到达的终点站
我们还会相聚

——佚名

错过银汉号

当我们风尘仆仆地赶到长春轨道客车公司的巨大厂房门前时,董工已经在门口等候我们了。董工可是车辆制造领域的大人物,他谦逊、温和,知识渊博又不失风趣,初次见面,柔柔和我瞬间变成了他的超级粉丝。

董工:小叶同志,欢迎你来采访银汉号,这是一个光荣的任务啊,30年了,这个老兵仍坚持战斗到他生命的最后时刻!自立,你可要不遗余力协助小叶完成任务,需要什么帮助,尽管和我讲。

自立:是,保证完成任务。30多年,这比我的年龄还要长啊!

柔柔:感谢董工,我想问一个敏感的问题,银汉号是长客生产的吗?

董工:哈,这可是个秘密,银汉号是中国铁路的灵魂,他是无可替代的。他的事迹充满了传奇色彩,更多的细节得采访他本人了。还有点时间,走吧,我带你们参观一下厂区,明早有车送你们去追赶银汉号。

这里不仅是巨兽之巢,也令我们对长春产生了家一般的感觉……

列车是怎么来的

高速列车结构剖面图

柔柔：多么壮观的场面，制造一辆高铁列车，看上去非常复杂啊？！

董工：的确是非常精密的制造，体现了我国铁路制造业的国际水平。组装完成后还需要进行反复调试。真正生产一辆列车需要几个月的时间。

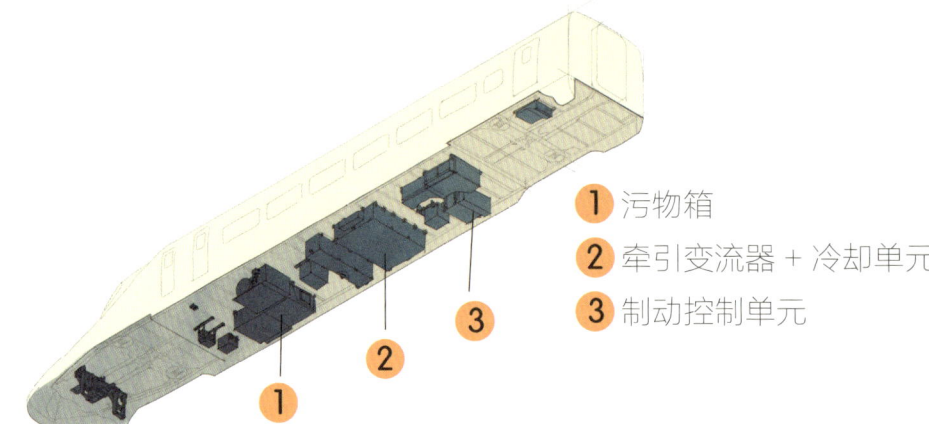

1. 污物箱
2. 牵引变流器 + 冷却单元
3. 制动控制单元

车体

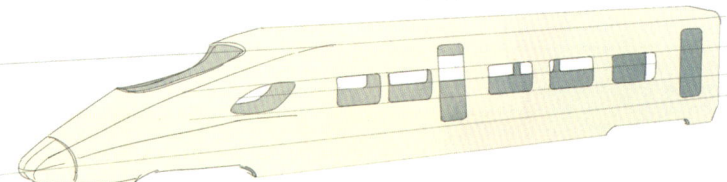

高速列车结构

高速列车一般由车体、转向架、牵引传动系统、制动控制及供风系统、车端连接装置、空调系统、车内及司机室设备、车辆给排水及卫生系统、辅助系统、列车网络TCMS、旅客信息系统等组成。

车辆内部设备和驾驶室设备

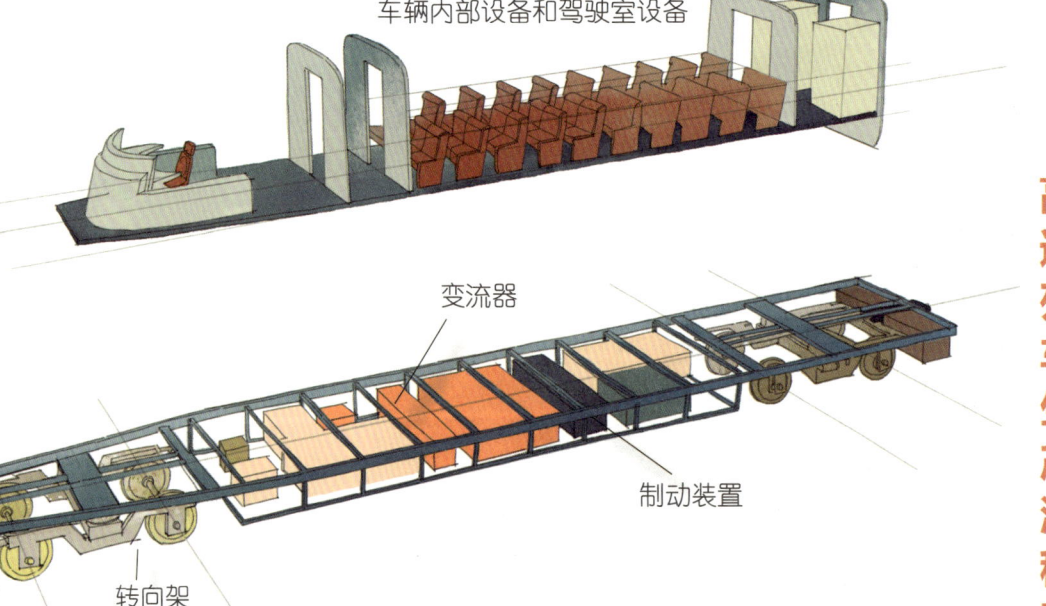

变流器

制动装置

车端连接装置　　转向架

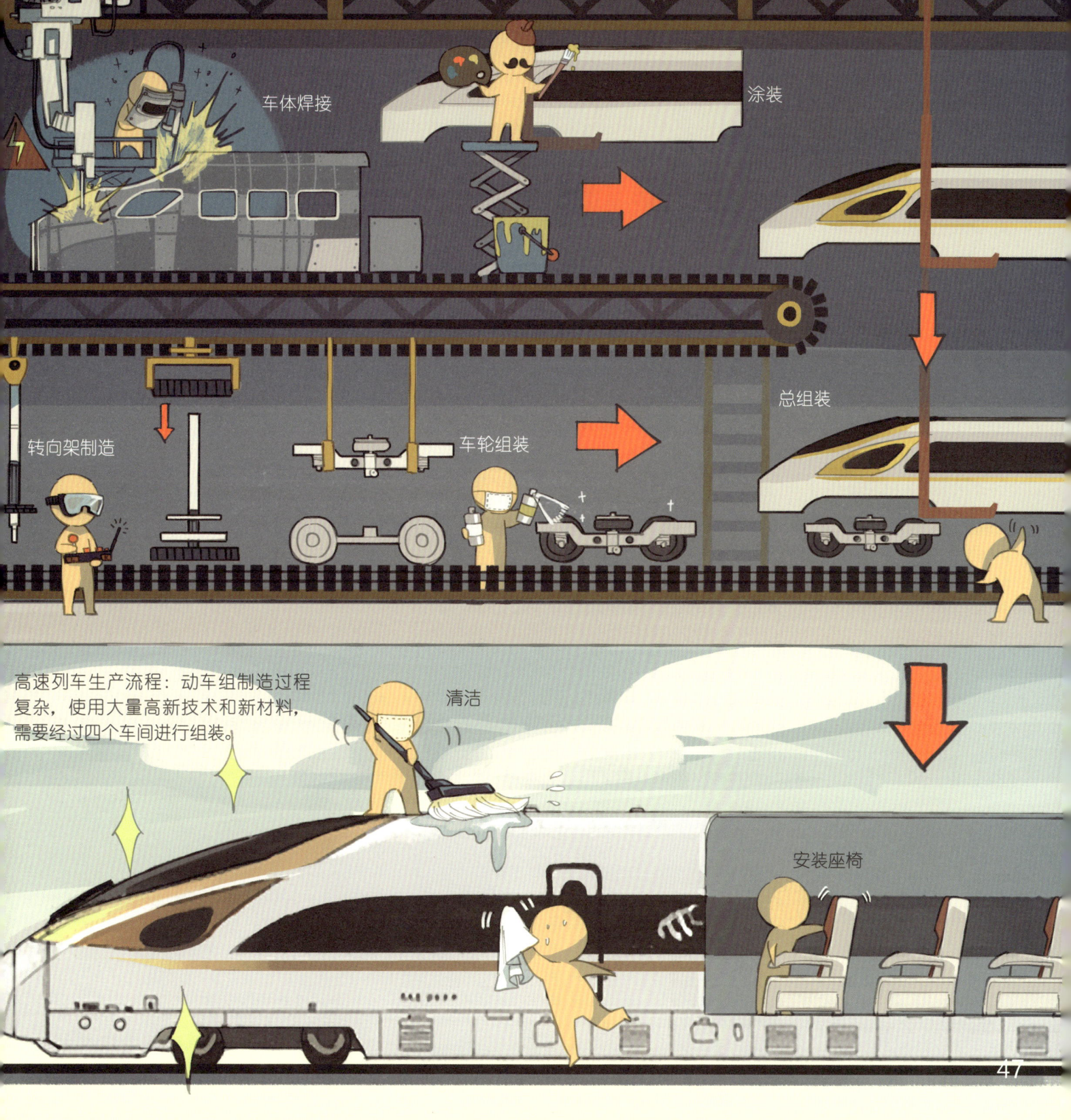

啊哈，这小东西

愉快的采访总是短暂而令人难忘，董工不仅安排好了一切，临走还送了很多长春的特产美食给我们路上带着——长白山的大榛子、大松子，还有当地小食烤冷面，啊，长春人的好客和周到令我们难忘。呕吐已经告诉我银汉号下一站去上海，会在中途停站装货。挥手再见，难说再见，董工的身影消失在钢铁的森林里了。我们坐上了复兴号，继续追寻银汉的脚步。刚一坐下，柔柔包里突然钻出一个毛茸茸的小玩意，吓了我一跳。

丁自立：啊哈，这小东西什么时候跟上来的？柔柔你还真是天生的动物磁铁啊，到哪儿都那么受欢迎。

柔柔：动物磁铁？哈哈，我猜，是在制造厂松树林里拍照的时候，它偷偷溜进我背包里的。饿了吗？小可爱，我这有好吃的。

就这样风雨无阻，就这样永不停步。看着柔柔不知疲倦地整理着采访提纲，我不禁有些期待见到银汉号了。他，究竟是怎样神一般的存在啊……

第 6 章

幕后英雄的前线

> 一件事情接着一件事情办,
> 一年接着一年干。
>
> ——习近平《十九大报告》

心意两相知

半夜时分,万籁俱寂,卸下最后一批客人的复兴号缓缓驶入世界最大的高铁车库——上海虹桥动车段运用所。经过长途旅行,柔柔似乎仍毫无倦意,兴冲冲地下车准备采访。

此时,基地内是一片繁忙景象,厂内的检修人员仍在各自的工作岗位上精神抖擞地作业着。刚走下平台,就看见上海动车段的副段长冯星气势十足地迎上前来。

冯段长:欢迎欢迎。银汉号这个老家伙,太气人了,转向架失灵、前灯损坏、电路故障,满身是伤,检修还没做完……

柔柔:银汉号!他怎么样了?

自立:估计又跑了……

冯段:没错,这倔老头子,本来计划好了在库里过夜,等你们到了,明早再出发,但是武汉那边来了个紧急任务,他就不顾一切又走了。

柔柔:银汉号,他……这是……舍不得离开铁路啊!

柔柔此话一出,大家都沉默了。这就是铁路人的楷模,而我们的事业,就是这样自力更生、夜以继日地拼命干出来的。

冯段带着柔柔采访车库去了,而我,还要跟呕吐确定后边追赶银汉号的行程。这注定又是一个不眠的夜晚。

幕后英雄在行动

柔柔:一辆列车入库以后,要如何进行检修和保养呢?

冯段长:简单地说,我们的车辆每天都要入库检修,根据不同里程和车型,进行五级检修。

各动车组检修等级及周期

车型(批次)/修程	一级检修	二级检修	三级检修	四级检修	五级检修
CRH1	4000-5000km	根据项目的重要性依次划分C、B、A三类。除采用集中扣车检修外,还可分散至一级检修中进行均衡检修。	120万km	240万km	480万km
CRH2	4000-5000km		60万km	120万km	240万km
CRH3	5000km		120万km	240万km	480万km
CRH5	5000km				

转向架转盘

简称转向盘,是轨道交通车辆转向架检修时在轨道上进行转向的专用设备,实现不同轨道间的周转运输,以便于前后工序间的灵活连接。

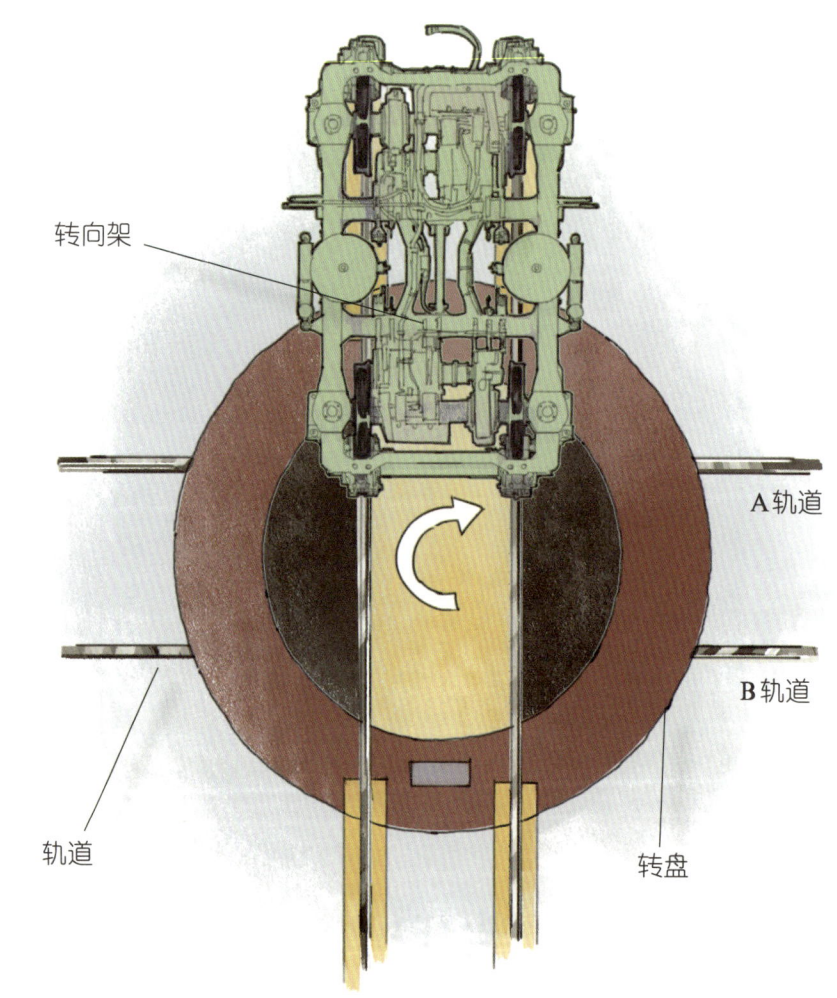

转向架　A轨道　B轨道　轨道　转盘

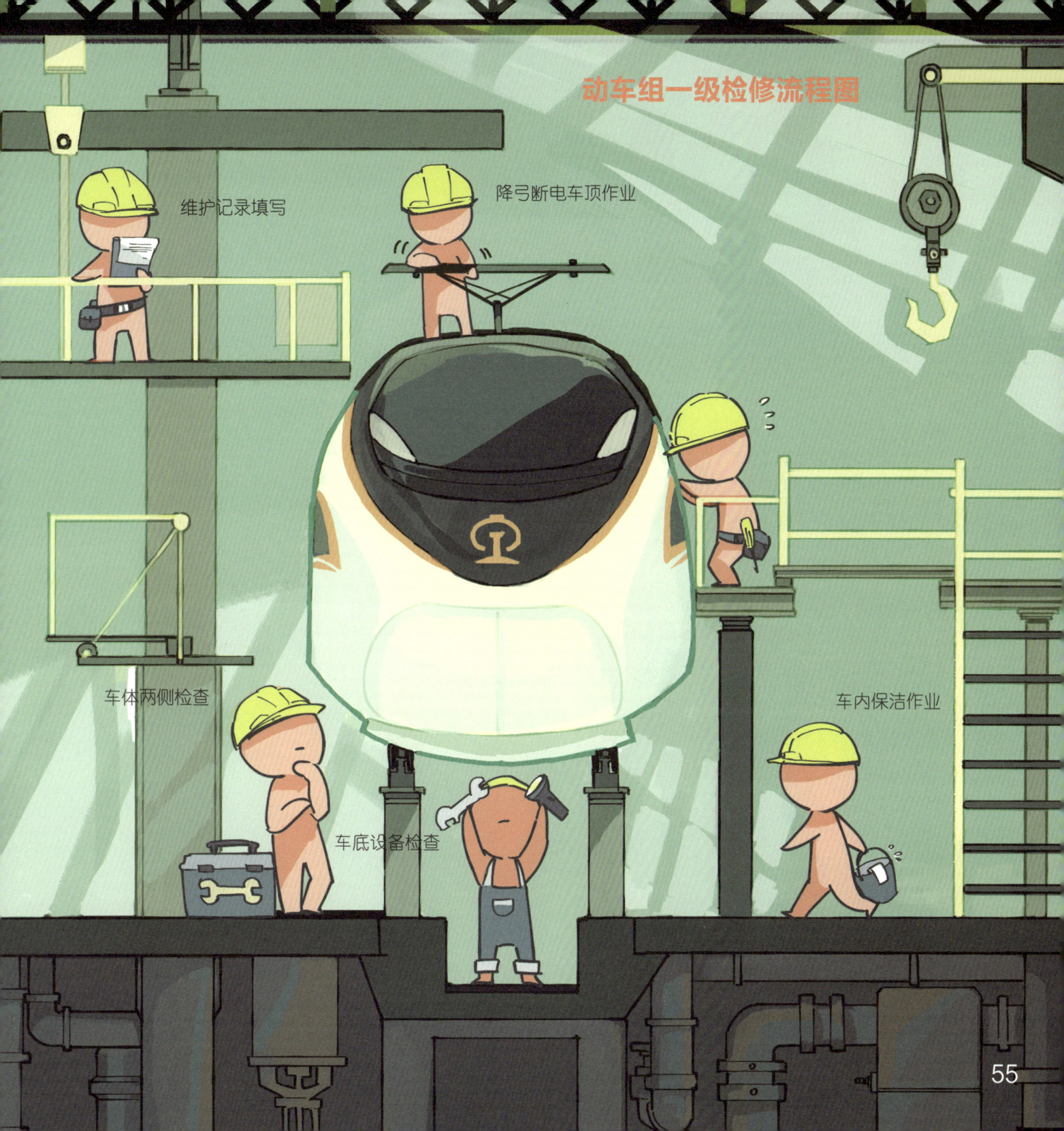

假如明天来临

今夜万马齐喑,明朝万马奔腾,这就是车库幕后英雄们的前线。采访结束,辞别冯段长,又是在行车公寓休整。

一大早,我们脚步匆匆,再次踏上征程。车离开了上海,奔向武汉。我昏昏沉沉地睡着了,耳边似乎听到柔柔的呓语:"银汉号……你要等着我,银汉号……"似真似幻,似远似近,就好像坠入了迷雾的世界,不知所往。

远方铺轨道，大城接小城

第7章

热爱生命

我不去想是否能够成功
既然选择了远方
便只顾风雨兼程
我不去想能否赢得爱情
既然钟情于玫瑰
就勇敢地吐露真诚
我不去想身后会不会袭来寒风冷雨
既然目标是地平线
留给世界的只能是背影
我不去想未来是平坦还是泥泞
只要热爱生命
一切,都在意料之中

——汪国真

临时任务

G598列车在轨道上飞驰着，窗外下起雨来。列车刚刚进入安徽境内，柔柔突然想起，她的采访中缺少铺轨的内容。铺轨这事不用找专家，采访我就可以。要说"八纵八横"，的确有很多故事可以讲，比如截至2017年12月31日，高铁里程已达2.98万公里（约3万公里）。但是现在的任务不是追赶银汉号吗，而且到哪去找铺轨的现场啊？

柔柔：有点让你为难了，我看算了，还是赶上银汉号要紧。

丁自立：柔柔，你放心，我保证让你看到铺轨现场，同时还不会耽误时间！

柔柔：就服你，栗子，不愧是铁路"全网通"啊！

从小我害怕两样东西：一怕让别人失望，二怕被别人表扬，特别是面对柔柔的表扬。这个坑可是我自己挖的，而且有点大，只能"舍命陪君子"了。雨看上去小了一些，有困难还得找呕吐。很快，他帮我在坐标附近找到了铺轨现场——安九线铁路在建项目。趁着银汉号还没有到达汉口，我和柔柔中途下了车，迅疾搭上汽车，赶往工地。

感谢上天，铺轨工地正在井然有序地施工中。为了一个完美的拍摄角度，柔柔做出了一个决定。从此，我知道了，柔柔不是一般的女孩子，以后能成大事。

大家一起来铺轨

1. 支撑层施工
2. 布枕、上钢轨
3. 紧扣件
4. 轨排粗调
5. 模板安装

柔柔：工程师大人，这么长的铁路线，都是无缝焊接，那么热胀冷缩的问题怎么解决呢？

丁自立：太客气了，记者大人，关键在于采用了高强度的弹性扣件扣压住钢轨的轨底，通过这种锁定使钢轨不会因热胀冷缩产生变形。尤其中国的南方一年四季温差不大，更适合铺设无缝钢轨。在中国的北方，夏天跟冬天的温差比较大，要定期对钢轨进行应力释放，即把扣件全部打开。

无砟铁路铺轨流程图

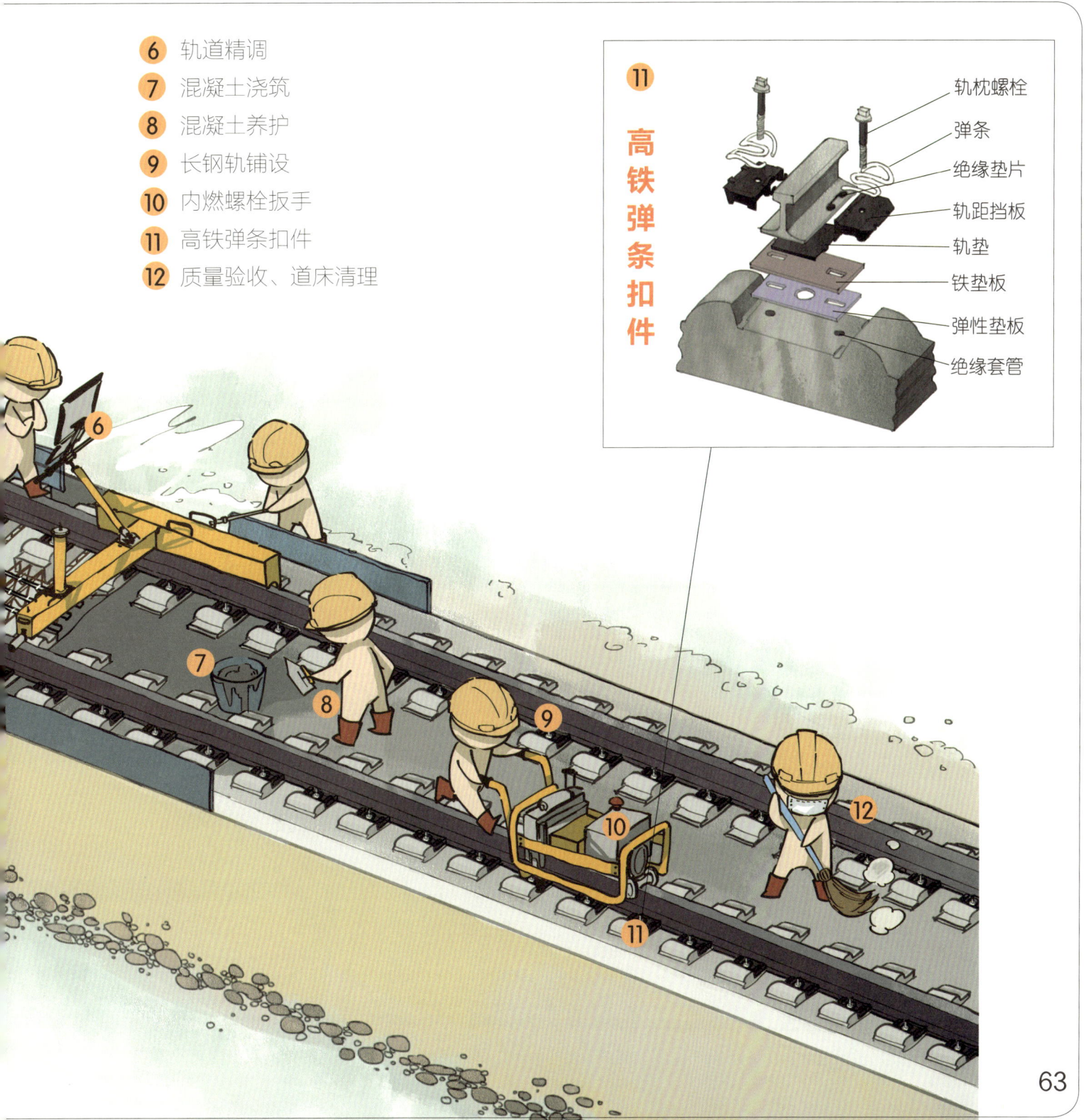

柔柔：请问工程师大人，列车高速行驶，对地质构造的条件要求一定很挑剔，什么样的地层适合铺设高速钢轨呢？

丁自立：记者大人，您的问题让我冒汗。高铁对地层的要求很高，科学勘探和测量必不可少。无砟轨道不能在黏土、深路堑、松软土路堤或地震区域铺设。

轨枕

支承层

无砟轨道基本结构剖面图

又见三千

拍照、采访、搭车赶回车站,再上列车。呕吐报告,银汉号因为临时任务,没有在武汉停车,已前往下一个目的地成都。此时,我们的列车正缓缓减速,停靠汉口站。

我必须开始怀疑人生了,这个银汉号究竟是否存在于这个世界?是不是有人故意设局?是不是我上辈子做了什么伤天害理的事,遭报应?柔柔你说话啊,你在干什么……

柔柔:三千,三千,快看,是三千!它瘦了……

丁自立:我的天,这家伙怎会在这里出现?啊,老张也来了……

老张说三千不吃不喝,思念柔柔;老张说组织叫他来找柔柔;老张说让三千跟柔柔走;柔柔说,使命没有完成,让三千跟老张回去。柔柔解下了自己的丝巾,系在三千脖子上。我们没有停留,搭上了赶往成都的列车。再回首时,已泪眼朦胧。

第 8 章

超时空飞车

永不放弃梦想

忘掉你的失意日子,
但不要忘记黄金的时光。
忘掉你的一次次失败,
但不要忘记你夺取的胜利。
忘掉你遭遇的不幸,
但不要忘记你的时来运转。
忘掉你的孤独日子,
但不要忘记你得到的友善的微笑。
忘掉你没有得以顺利实施的计划,
但不要放弃你的梦想。

—— Amanda Bradley

奇异博士

银汉号消失了？至少呕吐是这么说的。我们到达成都的时候，呕吐给了一个地址，说是跟一个叫熊教授的人聊聊，会有收获。

熊教授在国家重点实验室工作，当他出现在我们眼前时，我和柔柔惊呆了。熊教授原来就是熊猫教授啊！太疯狂了。当熊教授说起银汉号的事，更加令人感到不虚此行。

熊教授：想当年啊，我爷爷参与了制造银汉号。这可是堪比登月的绝密工程。很遗憾，他没有透露更多细节。

柔柔：没错，我记忆中的银汉号就是这个样子，神秘莫测。可是，他现在不知道去哪了……

熊教授：这个秘密我可以告诉你们，两天以后，铁总将在乌鲁木齐站为银汉号举行退役仪式。你们不用着急赶路了，只要按时到达乌鲁木齐就可以见到银汉号了。

闻听此言，柔柔喜笑颜开……柔柔难道认识银汉号吗，她和银汉号究竟是啥关系？我隐约地预感到会有事情发生。放松了心情，我和柔柔一边吃着熊教授家的新茶，一边细致地和熊教授聊起了高速铁路的未来。

速度极限在哪里

柔柔：请问熊教授，听说目前各国都在研发时速上千公里的超级高铁。不得了，如何能实现如此高的速度呢？

熊教授：没错，如果是使用悬浮隧道、磁浮列车和真空管道三大核心技术，列车时速可以高达 4000–6000 公里/小时，那样从北京到纽约只需要两个小时。一旦实现，高铁将改变人类的生活方式。

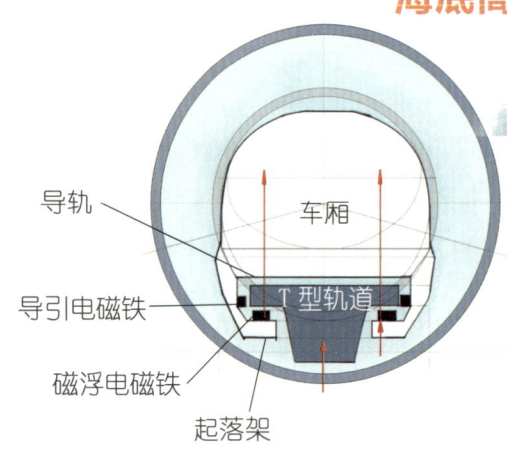

海底高速铁路

磁悬浮原理

超导排斥型磁悬浮列车上装有超导电磁铁及直线电机转子，路轨上则铺设直线电机长定子绕组和悬浮、导向绕组。通电后，地面线圈产生的磁场极性与列车上的电磁体极性总保持相同，两者"同性相斥"，排斥力使列车悬浮起来。

导轨 车厢 导引电磁铁 T 型轨道 磁浮电磁铁 起落架

真空管道运输

是一种超低空气阻力，无机械摩擦阻力的运输形式。技术原理是在地面或地下建一个密闭的管道，用真空泵抽成真空。

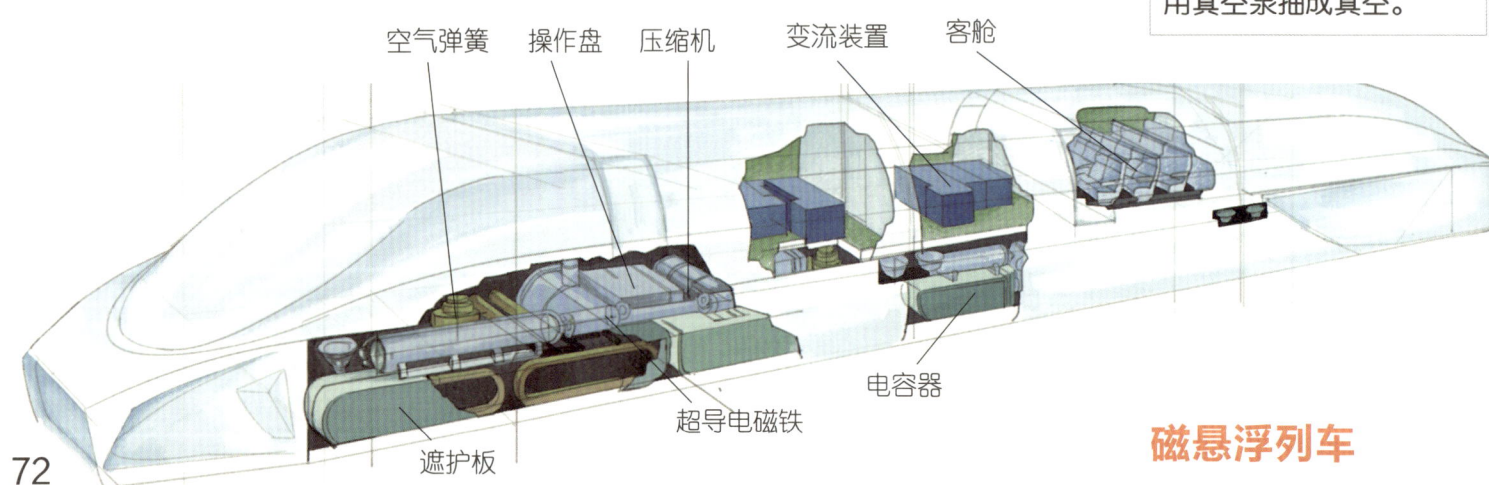

空气弹簧　操作盘　压缩机　变流装置　客舱　电容器　超导电磁铁　遮护板

磁悬浮列车

柔柔：中国的洲际列车研发已经开始了，很令人振奋，那么这样的列车有哪些黑科技呢？请介绍一二。

熊教授：其实，洲际列车早就有了，目前在欧亚大陆之间，中欧班列货运一直在运行。只不过耗时长，往返可能需要一个月左右。如果把线路改造成高速铁路，将产生不可估量的生产力啊。现在技术已经趋于成熟，未来亚洲和北美之间也可能实现洲际铁路。

车窗触屏

可显示列车运行信息，如车速、到站信息等，乘客可通过触摸操作实现视频或者电视节目的播放，随时随地不错过任何精彩信息。

客货双层结构列车

洲际列车双层结构设计，上层客运，下层货运，实现空间高利用率。流线型列车外形设计具有强烈的视觉冲击力，能充分满足空气动力学的要求。

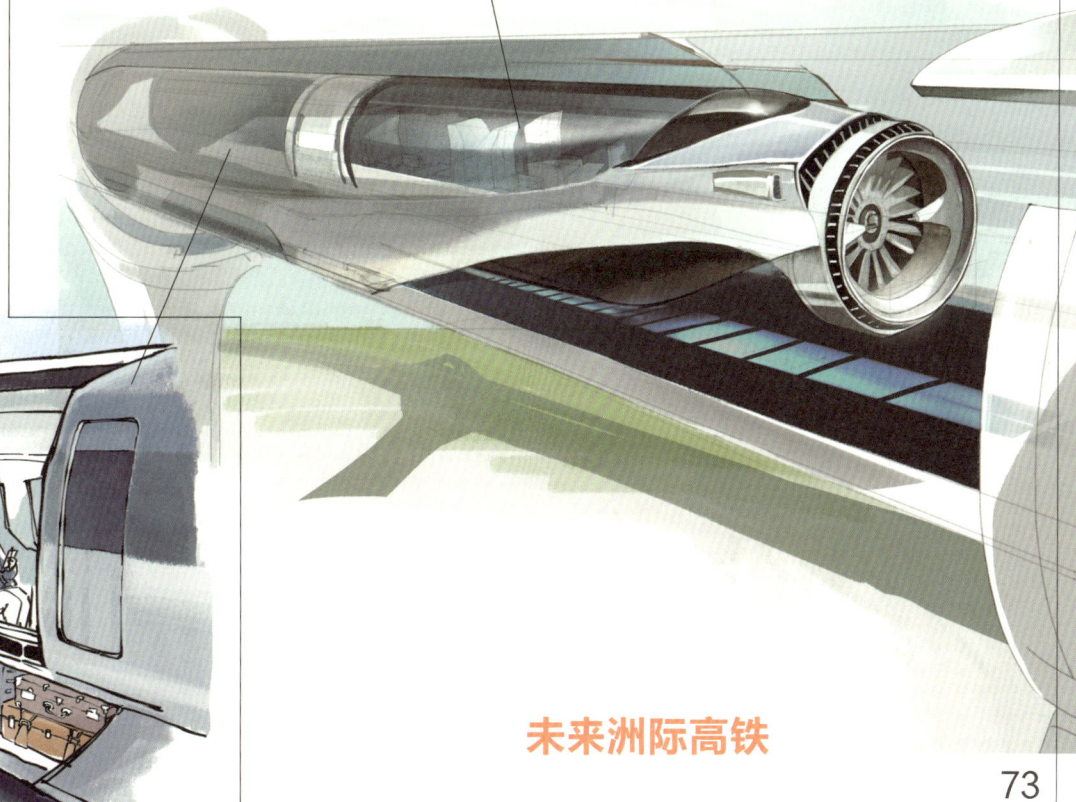

未来洲际高铁

喜欢未来的你

熊教授乐此不疲地给我们讲解了关于高铁研发的各种知识，从普通列车到磁悬浮，从海底高速铁路到未来洲际高速铁路，从地面到海底，从过去到现在……我们沉浸在高科技的海洋中，为科技的创新速度感到震撼。

熊教授还请我们吃了饭，哇，正宗川菜，全是熊夫人亲自料理，那味道……不说大家也知道吧，哈哈！

坐上刚刚开通的西成线列车时，正值黄昏时分，熊教授送我们到了车上，却没有下车。他也要去乌鲁木齐，参加银汉号的退役仪式。

列车飞快地向西安方向驶去。我有点累了，趁着柔柔和熊教授聊天，盘算着下一步计划。想着想着睡着了，恍惚中，我好像飞了起来，眼前的一切亦真亦幻……

9 章

穿过千山，
穿过万水

出塞曲

请为我唱一首出塞曲
用那遗忘了的古老言语
请用美丽的颤音轻轻呼唤
我心中的大好河山
那只有长城外才有的清香
谁说出塞歌的调子都太悲凉
如果你不爱听
那是因为歌中没有你的渴望
而我们总是要一唱再唱
想着草原千里闪着金光
想着风沙呼啸过大漠
想着黄河岸啊 阴山旁
英雄骑马啊 骑马归故乡

——席慕容（中国台湾）

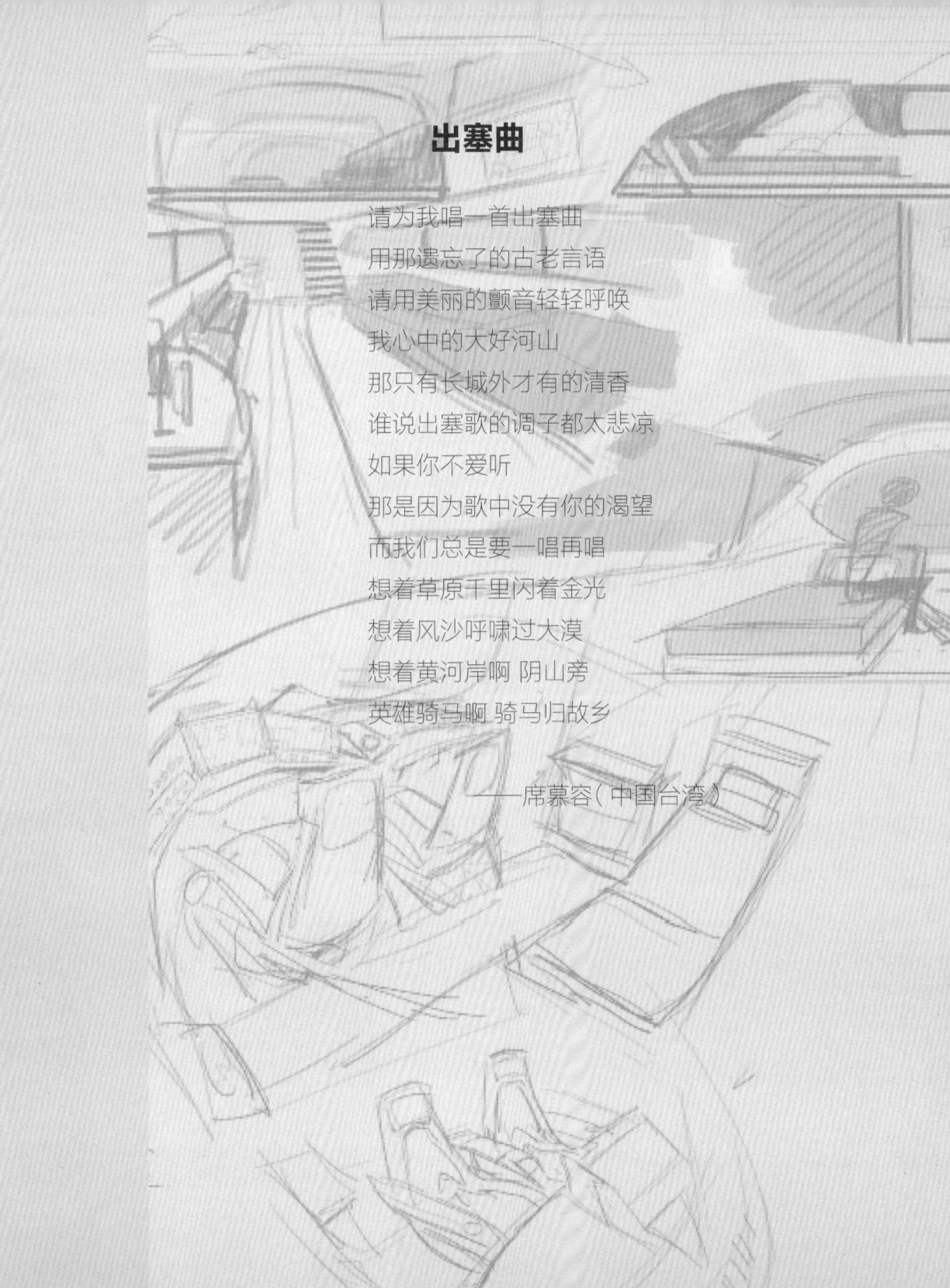

最后的秘密

连绵数天的雨季结束了,天空放晴。列车不停地翻山越岭、钻隧道,引起了柔柔的职业敏感,又掏出小本子开始采访熊教授。

柔柔:古人说"蜀道难,难于上青天",现在我们的高速铁路怎么克服自然环境中的困难呢?

熊教授:桥隧是解决这些问题的主要方法。西成高铁以桥隧为主,全程有34座隧道,48座桥梁,高速铁路的桥梁和隧道施工难度大,周期长,所以历时五年才得以完工。

丁自立:正好,马上要停站,可以下去参观一下隧道。

柔柔:好啊。熊教授,我们下去拍个照就回来,再请您说说银汉号的事。

熊教授:愿意效劳。

为了银汉号,柔柔不辞辛劳,这究竟是为什么啊?是什么吸引她关注这个秤砣?我百思不得其解。

西成线全景地图

附注：高铁线路在规划时，尽量走直线，较少弯道，本地图并非真实地图，仅供娱乐。

成都

隧道知多少

高速铁路隧道结构剖面图

- 软式透水管
- 排水侧沟
- 盲沟
- 盲沟出口
- 泄水孔
- 内轨顶面
- 隧道中线
- 中心水沟
- 泄水孔
- 工程作业空间
- 防水层
- 止水带

隧道防排水系统

隧道修建后破坏了山体原始的水系统平衡,其穿过的山体附近的地下水都集聚在底下,当隧道和这些含水地层连通,防水及排水设施、方法不完善时,隧道水灾就会发生。隧道渗漏水危害大,整治难度大,成本高,因此必须做好隧道防排水工作。

柔柔:隧道里空气压力会很大吧,那怎么保证行车时乘客的舒适呢?

丁自立:高速列车通过隧道时会引起隧道内气体压力的剧烈波动,人鼓膜内的气压无法及时与快速变化的车厢内部的气压同步,就会产生压迫感和耳鸣等不舒服的症状。通过解决列车的气密性,可以减小压力,同时将隧道口设计成缓冲结构,增大断面积,使压力逐步发生变化,也可以有效缓解瞬间冲击压力。

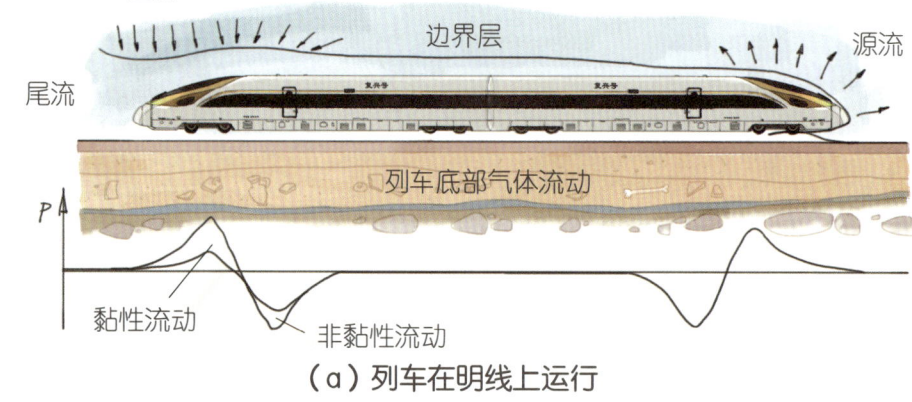

(a)列车在明线上运行

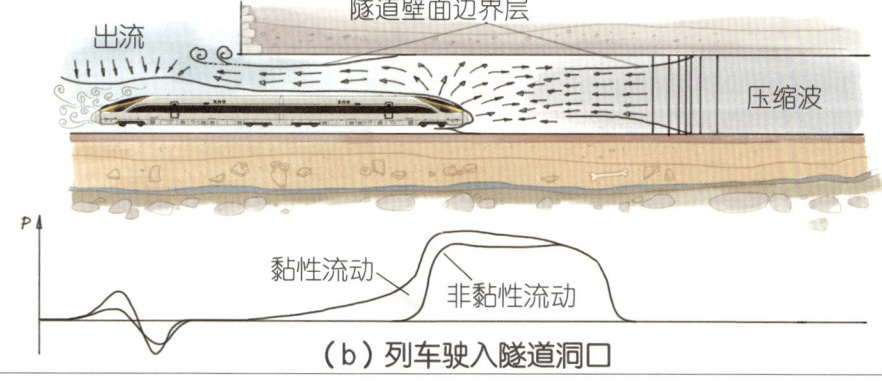

(b)列车驶入隧道洞口

隧道压力波示意图

西出阳关寻故人

熊教授要在西安下车开会,我们相约在乌鲁木齐再见后便匆匆告别,列车继续踏上了西去的路途。

路上柔柔整理着采访提纲和思绪,时而眉黛紧蹙,时而梨花带雨,时而破涕为笑。我试着问她,是不是有心事,她只是把话题岔开。

好吧,这些难不倒我,到了我该表现的时候了,我要让柔柔看看我丁自立的能力,我要让这次采访永远留在柔柔的心中。拍摄银汉号的工作照,哪个瞬间最感人?哪个角度最威风?哪个时间最上镜?我不断地研究着多种方案。有了,找老李——我师傅、直升机驾驶员帮忙……

晚上七点零八分,气温骤降,朔风横行,大漠在夜色中仿佛天国,旅客们仍然兴高采烈,只有列车在寂寞里奋力前行……

去什么地方呢,
这么晚了,
美丽的火车,
孤独的火车?
凄苦是你汽笛的声音,
令人记起了许多事情。

为什么我不该挥舞手巾呢?
乘客多少都跟我有亲。
去吧,
但愿你一路平安,
桥都坚固,
隧道都光明。
——塔朗吉(土耳其)
余光中(译)

第 10 章 依然是你红红的脸

柔柔，再检查一遍装备！要不我替你，这太危险了！

不用，你帮我拉好安全绳就可以。

准备好了吗？他要过来了，还有一分钟。

一路风尘仆仆，我们终于要见到这个传说中的英雄机车银汉号了。老李的直升机赶到前边在空中悬停，等候着银汉号的到来。天气有些阴冷，预报说午后可能有雪。柔柔已经准备好出舱作业。

咔嚓!

这不过是一辆普通的机车嘛,没有什么神奇之处啊!

我们先行赶到了银汉号即将停靠的老站台，这里也将伴随着银汉号一起光荣退役。不久，天色渐暗，沧桑的银汉号缓缓进站，疲惫地关闭了轰鸣的发动机。此时，柔柔掏出了一个玩具熊，静静地向银汉招手。她究竟是要做什么啊……不是采访吗！？

停

银汉号,就知道你还记得我……

十五年前,有个六岁的小女孩,独自在轨道上玩。她忘记了火车要经过这里,忘记了爸爸妈妈的叮嘱,也忘记了回家的时间。

妈妈,我要找妈妈!

但,就在最后时刻,列车停住了,他变成一个伟岸的巨人。他的大手虽然冰冷,但是却无比温柔。

啊,你是谁,你愿意跟我玩吗?

银汉,你老了,看看你的脸,你的手……

不,你不老,在我心里,你永远像当年一样威风凛凛。

原来他们早就认识……我不是在做梦吧?

我不想看到你退役,我不想你走……

咋!

不要难过了，小叶，银汉号不会退役，他是中国铁路之魂。我们会为他进行升级改造。

我们应该为他鼓掌，向他致敬，该休息休息了，老兵。

等你，老兵……

致　谢

从 2016 年策划本书开始，历经两年时间，终于在 2018 年迎来了付梓的时刻。很多才华横溢和热情相助的人加入到本书漫长的设计制作过程中，大家就好像在暴风雨肆虐的大海中行舟，从此岸到彼岸，从月黑到天明。因此我要感谢很多人，帮助我将一个疯狂的想法变成现实。

首先，感谢所有中途退出的团队成员以及合作伙伴们，不论是撰稿、绘图、排版设计、制作助理，抑或是不同的出版机构，虽然你们没有看到胜利的一天，但也同样贡献了非凡的创意和工作。没有你们的批评，就没有今天本书的出版。祝愿你们在新的事业中一帆风顺。

其次，诚挚地感谢全体善始善终的制作人员，包括：

科加漫文化的杨老师，用精彩的创意为读者带来了意想不到的故事；

科学顾问管春玲副教授，以严谨专业的眼光，反复审核了全书的铁路知识，没有她的努力，本书将无法顺利问世；

绘图周雨晴女士，以精湛的画技美妙地演绎了众多角色，把一幕幕动人的瞬间呈献在读者眼前；

统筹和文字编辑冼士凤女士，在长期琐碎的工作中确保本书按时完工并达到最高的品质；

加入本书制作委员会的专家、学者们，他们出于对科普以及公益事业的热爱，慷慨地答应为本书提供无偿的技术后援，在此表达不胜感谢之情。

本书的出版是献给他们的最好礼物，希望在未来仍有合作之机，为读者带来更多诚意之作。

同时，本书的制作也有赖于广东省科技厅"科技发展专项资金"的支持，在此一并表示感谢。

最后，感谢我的家人、父母以及亲戚朋友们。虽然他们并未参与到我的工作中来，但是他们的期待和勉励为我们辛勤的工作带来了持续的动力，也将本书献给他们。

我们的主人公——柔柔、丁自立以及"银汉"号即将踏上新的征程。

在此，也祝他们好运。期待下部作品再见！

图书在版编目（CIP）数据

万里追踪银汉号：高速铁路探秘百科 / 刘苗苗主编 . —上海：
上海科学技术文献出版社，2018
　　ISBN 978-7-5439-7658-0

　　Ⅰ.① 万… Ⅱ.① 刘… Ⅲ.① 高速铁路—介绍—中国 Ⅳ.① U238

中国版本图书馆 CIP 数据核字 (2018) 第 128102 号

责任编辑：王　珺
设计制作：科加漫文化

万里追踪银汉号：高速铁路探秘百科
WANLI ZHUIZONG YINHAN HAO: GAOSU TIELU TANMI BAIKE
主　编　刘苗苗
出版发行：上海科学技术文献出版社
地　　址：上海市长乐路 746 号
邮政编码：200040
经　　销：全国新华书店
印　　刷：上海海红印刷有限公司
开　　本：710×940　1/12
印　　张：9 1/3
版　　次：2018 年 6 月第 1 版　2018 年 6 月第 1 次印刷
书　　号：ISBN 978-7-5439-7658-0
定　　价：68.00 元
http://www.sstlp.com